¿Qué

Matías Alvarado

Michael Blann/Riser/Getty Images

Él tiene botas.

Image Source/SuperStock

Él tiene una pelota.

Alaska Stock/age fotostock

Él tiene un bote.

ImagesBazaar/Getty Images

Ella tiene una bata.

GM Visuals/Blend Images/Getty Images

Él tiene un bol.

Ella tiene un mapa.

CDC/Cade Martin

Él tiene una pala.